Bibliografische Information der Deutschen Nationalbibliothek:

Die Deutsche Bibliothek verzeichnet diese Publikation in der Deutschen National-
bibliografie; detaillierte bibliografische Daten sind im Internet über http://dnb.d-
nb.de/ abrufbar.

Impressum:

Copyright © 2016 GRIN Verlag, Open Publishing GmbH
Druck und Bindung: Books on Demand GmbH, Norderstedt Germany
ISBN: 9783668323308

Dieses Buch bei GRIN:

http://www.grin.com/de/e-book/342068/trainingslehre-diagnostik-zielsetzung-und-
trainingsplanung-fuer-einen

Michèle Hertzsch

Trainingslehre. Diagnostik, Zielsetzung und Trainings-planung für einen gesunden Probanden

Trainingsziel Aufbau von Muskelmasse

GRIN Verlag

GRIN - Your knowledge has value

Der GRIN Verlag publiziert seit 1998 wissenschaftliche Arbeiten von Studenten, Hochschullehrern und anderen Akademikern als eBook und gedrucktes Buch. Die Verlagswebsite www.grin.com ist die ideale Plattform zur Veröffentlichung von Hausarbeiten, Abschlussarbeiten, wissenschaftlichen Aufsätzen, Dissertationen und Fachbüchern.

Besuchen Sie uns im Internet:

http://www.grin.com/

http://www.facebook.com/grincom

http://www.twitter.com/grin_com

Deutsche Hochschule für

Prävention und Gesundheitsmanagement

Hermann Neuberger Sportschule 3

66123 Saarbrücken

Einsendeaufgabe

Fachmodul:	Trainingslehre 1
Studiengang:	BGM
Name, Vorname:	Hertzsch, Michèle

Inhaltsverzeichnis

1 Lösung Teilaufgabe 1 - Diagnostik

1.1 Allgemeine und biometrische Daten

Allgemeine Angaben	
Alter	21
Geschlecht	Männlich
Körpergröße	1,85 m
Körpergewicht	73 kg
Trainingsmotive	Körperformung, Rückenkräftigung, Muskelaufbau
Berufliche Tätigkeit	Büroangestellter
Aktuelle sportliche Betätigungen	Gesundheitssport
Frühere sportliche Betätigungen	Basketball; freizeitmäßig; 2-3 x die Woche, vor einem Jahr aufgehört
Zeitlicher Verfügungsrahmen	2 x die Woche
Blutdruck	Systolisch: 125 mmHg Diastolisch: 81 mmHg
Allgemeiner Gesundheitszustand	
Ärztliche Behandlung?	keine
Orthopädische Probleme?	keine
Medikamente	keine
Gesundheitliche Einschränkungen	Keine Einschränkungen

Tabelle 1: Daten des Probanden

Mein gewählter Proband befindet sich in einem guten Gesundheitszustand. Für seine Größe hat er ein optimales Gewicht. Zudem hat er keine gesundheitlichen Beschwerden, ist nicht in ärztlicher Behandlung und ist nicht eingeschränkt. Sein Blutdruck ist mit einem systolischen Wert von 125 mmHg und einem diastolischen Wert von 81 mmHg optimal. Laut den Normwerten der Blutdruckwerte bei Erwachsenen liegt der normale Blutdruckwert im systolischen Bereich zwischen 120-129 mmHg und der normale Blutdruckwert im diastolischen Bereich zwischen 80-84 mmHg (Hoffbauer & Schaenzler, 2001, S.57)

1.2 Krafttestung

Übung	Wiederholungs-zahl	1.Test-satz in kg	2.Test-satz in kg	3.Test-satz in kg	Gewähl-tes Ge-wicht
Kniebeuge an der Multipresse	10	40	40	-	40
Wadenheben im Stehen	10	40	-	-	40
Bankdrücken mit Langhantelstange	10	Ohne Gewicht, nur mit Stange (20kg)	25	25	25
Kreuzheben	10	25	25	30	30
Langhantelcurl	10	20	20	20	20
Überzüge mit Langhantel	10	10	10	-	10
Rudern an der Maschine	10	25	30	30	30
Bauchmaschine	10	20	22,5	25	25

Tabelle 2: Testübungen und Testergebnisse

Als Krafttest wurde der Krafttest nach subjektivem Belastungsempfinden gewählt. Zu-erst wurden 8 geeignete Übungen für den Probanden festgelegt. Dazu wurde die geeig-nete Wiederholungszahl von 10 Wiederholungen bestimmt. Die 10 Wiederholungen resultieren daraus, dass der Proband im Bereich der Hypertrophie trainieren wird. Alle Übungen bei dem Krafttest werden mit 10 Wiederholungen durchgeführt. Auf Grund dessen, das im Bereich des subjektiven Belastungsempfindens trainiert wird, wird even-tuell im Laufe der Testung das Gewicht geändert. Ein Leistungsvergleich ist bei dieser Form der Testung nicht möglich, da auch das persönliche und eigene Leistungsempfin-den trainiert wird. So würde jeder die ausgeführte Belastung als unterschiedlich schwer oder leicht empfinden. Angenommen es würden also 2 Personen mit der gleichen Kraft eine Übung ausführen, dann würden diese wahrscheinlich trotzdem ein anderes Emp-finden haben. In diesem Fall der Trainingsplanung wurde für das subjektive Belas-tungsempfinden die „Borg-Skala" gewählt. Hier kann der Proband sein Belastungsemp-finden von „sehr, sehr leicht" bis „sehr, sehr schwer" angeben. Diese Skala hat den Vor-teil, dass man sein Empfinden von „Stufe 6" bis „Stufe 20" einschätzen kann (modifi-ziert nach Borg, 2004, S. A1016; Löllgen, 2004, S. 299). Dies ist ein relativ großes

Spektrum und so kann das Empfinden gezielter angegeben werden. Alle Übungen wurden im Tempo von 2-0-2 durchgeführt. Also zwei Sekunden in der exzentrischen Phase, null Sekunden in der isometrischen Phase und wieder zwei Sekunden in der konzentrischen Phase. Es wurde versucht, bei allen Übungen 3 Testsätze durchzuführen. Letztendlich wurden durch den Krafttest folgende Übungen mit folgenden Gewichten bestimmt: Kniebeuge an der Multipresse mit 40 kg, Wadenheben mit Stehen mit 40 kg, Bankdrücken mit der Langhantelstange mit 25 kg, Kreuzheben mit 30 kg, Langhantelcurls mit 20 kg, Überzüge mit der Langhantel mit 10 kg, Rudern an der Maschine mit 30 kg und an der Bauchmaschine wurden 25 kg gewählt.

2 Lösung Teilaufgabe 2 – Zielsetzung und Prognose

	Inhalt	Ausmaß	Zeit
Ziel 1	Aufbau der Muskelmasse	Von 41% auf 44%	3 Monate
Ziel 2	Körperformung	Oberarmumfang um 1 cm erhöhen	3 Monate
Ziel 3	Rückenkräftigung	Gewicht bei Kraftübung soll um 7,5g erhöht werden	3 Monate

Tabelle 3: Zielsetzungen

Das Hauptziel meines Probanden ist der Aufbau der Muskelmasse. Ziel ist es, die gesamte Muskelmasse von 41% auf 44% in drei Monaten zu steigern. Als weiteres Ziel wurde die Körperformung angegeben. Das heißt, der Proband wünscht sich, dass seine Oberarme mehr durch die wachsende Muskelmasse betont werden. Als Ziel wurde hier die Erhöhung des Oberarmumfangs um 1cm in 3 Monaten angegeben. Da der Proband einen Bürojob hat, soll mit gezieltem Krafttraining für einen stabileren Rücken gesorgt werden. Er möchte bei der gewählten Kraftübung in 3 Monaten mit 7,5kg mehr trainieren können.

3 Lösung Teilaufgabe 3 – Trainingsplanung Makrozyklus

	Mesozyklus 1	Mesozyklus 2	Mesozyklus 3	Mesozyklus 4
Krafttrainingsmethode	Subjektiv	X-RM	X-RM	Subjektiv
Zyklusdauer	6 Wochen	6	6	6
Spezifisches Trainingsziel	Kraftausdauer	Muskelaufbau	Muskelaufbau	Maximalkraft
Anzahl der Trainingseinheiten pro Woche	2	2	2	2
Organisationsform	GK	GK	GK	GK
Anzahl der Übungen pro Muskelgruppe	1-2	1-2	1-2	1-2
Anzahl der Sätze pro Übung	2	2	2	2
Satzpausen		60s	90s	3-5min
Wiederholungszahl	15-20	12-15	8-12	3-5
Intensitäten	Subjektiv mittelschwer	50-70% ILB	50-70% ILB	Subjektiv mittelschwer
Bewegungstempo	2-0-2	2-0-2	2-0-2	2-0-2

Tabelle 4: Makrozyklusplanung

Für den Makrozyklus wurde zunächst die Blockperiodisierung gewählt. Dies bedeutet, dass im Laufe der Zyklen der Intensitätsumfang ansteigt, jedoch aber die Wiederholungszahlen geringer werden (Boeckh-Behrens & Buskies, 2007, S. 28-29). Diese Methode ist für Trainingsbeginner sinnvoll, da sie so erst einmal an die Kraftbelastung gewöhnt werden. Als Ziel dieser Methode kann so die Zunahme der Muskelmasse genannt werden. Des Weiteren ist die Blockperiodisierung empfehlenswert, da eine Abwechslung von Zyklus zu Zyklus gegeben ist (Kieser, 2007, S. 42). Mein Proband war zwar früher schon sportlich aktiv, da er jedoch keine Erfahrung im Krafttraining hat wird es als Beginner eingestuft. Gerade weil er noch Beginner ist, wir im ersten Mesozyklus mit Kraftausdauer begonnen. Kraftausdauertraining als Beginn ist sinnvoll, da sich hier der gesamte Körper erst einmal an die Belastung gewöhnen kann und soll (Mießner, 2006, S.19-20). Das heißt im konkreten, dass hier die Kapillarisierung und die Widerstandsfähigkeit gegen Ermüdung der Muskulatur verbessert werden soll (Mießner, 2006, S.40).

Da das Hauptziel meines Probanden der Muskelaufbau ist, ist der zweite und dritte Zyklus auf Muskelaufbautraining, auch Hypertrophietraining genannt, ausgelegt worden. Beim Hypertrophietraining wird letztendlich der Querschnitt der Muskelfasern vergrößert und somit ist ein Muskelwachstum zu verzeichnen. (Mießner, 2006, S.36). Da der Proband nach den drei Zyklen, also nach 18 Wochen an das Training gewöhnt ist, kann im vierten Zyklus auf Maximalkraft trainiert werden.

Die Dauer aller vier Zyklen beträgt sechs Wochen. Im ersten Zyklus habe ich mich für die Trainingsmethode nach subjektivem Belastungsempfinden entschieden, da sich der Trainierende allgemein erst einmal an die Trainingssituation gewöhnen muss. So soll die Intensität selbst bestimmt werden. Das subjektive Belastungsempfinden sollte hier bei mittel bis schwer liegen. Im zweiten und im dritten Zyklus habe ich mich für die X-RM-Methode entschieden. Da in diesen beiden Zyklen Muskeln aufgebaut werden sollen, ist diese Methode am besten, da so die vorgesehenen Gewichte direkt bestimmt werden können. Zu beachten ist hier, dass die Intensität im dritten Zyklus höher sein muss, also die im zweiten. Auf Grund der progressiven Belastungssteigerung muss die Intensität erhöht werden und ein neuer Reiz gesetzt werden (Boeckh-Behrens & Buskies, 2007, S. 28). Im vierten Zyklus habe ich mich wieder für das subjektive Belastungsempfinden entschieden, da der Proband nun sein Belastungsempfinden besser oder auch schon gut einschätzen kann. So kann er bei Maximalkraft definieren, was für ihn subjektiv schwer ist.

Also Organisationsform wurde das Ganzkörpertraining gewählt, da der Proband nur zwei Mal die Woche trainieren kann. Diese Form ist empfehlenswert, da jedes Mal alle Muskelpartien einbezogen werden (Mießner, 2006, S. 42).

Als Anzahl der Übungen pro Muskelgruppe habe ich eins bis zwei angegeben, da die Muskeln zum Teil auch nach den Trainingszielen trainiert werden. Da eines der Trainingsziele auch die Rückenkräftigung ist, ist es sinnvoll, für den Rücken zwei Übungen zu machen. Für einen Trainingsbeginner reichen zudem auch 2 Sätze pro Übung. Des Weiteren werden die Satzpausen vom Mesozyklus zu Mesozyklus immer länger. Dies liegt daran, dass auch die Belastungen von Zyklus zu Zyklus höher werden. Im ersten Zyklus muss nicht unbedingt eine Pause gemacht werden, im zweiten sollte man dann 60 Sekunden pausieren und im dritten 90 Sekunden. Im vierten Zyklus, also bei der Maximalkraft sind sogar 3-5 Minuten Pause zwischen den Übungen sinnvoll.

4   Lösung Teilaufgabe 4 – Trainingsplanung Mesozyklus

	Mesozyklus 2
Krafttrainingsmethode	X-RM
Zyklusdauer	6 Wochen
Spezifisches Trainingsziel	Muskelaufbau
Anzahl der Trainingseinheiten pro Woche	2
Organisationsform	Ganzkörpertraining
Übungen pro Muskelgruppe	1 (bei Rücken 2)
Anzahl der Sätze pro Übung	2
Satzpausen	60s
Wiederholungszahl	15
Intensität	50-70% ILB
Bewegungstempo	2-0-2
Dauer des Trainings	Ca. 31 min
Krafttrainingsübungen	1. Beinpresse 45 Grad sitzend 2. Wadenheben stehend 3. Kurzhantelcurls 4. Armstrecken mit Kurzhantel über Kopf 5. Frontdrücken an der Multipresse 6. Zug vertikal zum Nacken 7. Bauchmaschine 8. Zug horizontal eng an der Maschine

Tabelle 5: Mesozyklusplanung

Bei meinem Mesozyklus habe ich verschiedene Übungen an verschiedenen Geräten ausgewählt, damit keine Monotonie an einem Gerät für den Probanden entsteht. Zudem habe ich Übungen für alle großen Muskelpartien ausgesucht, da es sich um ein Ganzkörpertraining handelt. Die meisten Übungen sind gerätegestützt.

Begonnen wurde bei den Krafttrainingsübungen mit der Beinpresse 45 Grad im Sitzen. Hier findet eine Extension im Hüftgelenk statt. Diese Übung ist eine komplexe Übung um die komplette Beinmuskulatur zu trainieren. Dynamisch beansprucht werden hier der vierköpfige Oberschenkelstrecker, der große Gesäßmuskel, der Halbsehnenmuskel, der Plattsehnenmuskel und der zweiköpfige Oberschenkelbeuger (langer Kopf). Statistisch stabilisierend wirken alle Abduktoren. Somit wird das Hüftgelenk stabilisiert

Bei der nächsten Übung, bei dem Wadenheben im Stehen werden der Zwilligswadenmuskel und der Schollenmuskel beansprucht (Mießner, 2006, S. 119).

Bei den darauf folgenden Kurzhantelcurls werden der zweiköpfige Armbeuger, der Armbeuger und der Oberarmspeichenmuskel beansprucht (Delavier, 2006, S. 7). Hier entsteht eine zusätzliche Supinationsbewegung, das heißt, dass der zweiköpfige Armbeuger noch mehr beansprucht wird. Dies ist gerade für meinen Probanden optimal, da eines seiner Ziele die Formung seiner Oberarme ist. Die Übung kann im Sitzen oder auch im Stehen durchgeführt werden. Wichtig dabei ist, dass während der Beugung eingeatmet wird.

Auf die Übung vom Bizeps folgt nun die Übung für den Trizeps. Beansprucht wird hier der dreiköpfige Armstrecker. Diese Übung ist, wie auch die Kurzhantelcurls-Übung koordinativ anspruchsvoller, da die Anteversionsbewegung des Oberarms entgegen der Kontraktionsrichtung geht. So besteht schon in der Ausgangsposition eine höhere Spannung. Beim Beugen wird eingeatmet und am Ende der Bewegung wird wieder ausgeatmet.

Mit dem Frontdrücken an der Multipresse werden vor allem der vordere Teil des Deltamuskels, der obere Anteil des Trapezmuskels und der vordere Sägemuskel beansprucht.

Nun folgt eine sehr komplexe Übung für den Rücken. Die dynamisch beanspruchten Muskeln sind hier der breite Rückenmuskel, der große Rundmuskel, der untere Anteil des Trapezmuskels, der hintere Anteil des Deltamuskels, der Oberarmspeichenmuskel, der zweiköpfige Armbeuger sowie der Armbeuger. Stabilisierend wirken bei dieser Übung der mittlere und obere Anteil des Trapezmuskels, die Rautenmuskulatur, der Rückenstrecker und die Außenrotatoren. Da man bei dieser Übung eine stabile Sitzposition hat, ist diese Übung vor allem auch für Anfänger geeignet.

Im Gegenzug zum Rücken wird anschließend die Bauchmuskulatur trainiert. Hier werden der gerade Bauchmuskel, der innere und äußere schräge Bauchmuskel und der querverlaufende Bauchmuskel beansprucht.

Als letztes folgt noch einmal eine Übung für den Rücken, da eines der Ziele des Probanden auch die Rückenstärkung ist. Hier wird noch einmal ein großer Anteil der Rückenmuskeln beansprucht. Dadurch, dass dies eine geführte Übung ist, ist die Übung auch sehr gut für Anfänger geeignet.

5   Lösung Teilaufgabe 5 – Literaturrecherche

5.1   Studie 1

Wer hat die Studie durchgeführt?	Andrea Solera Herrera
In welchem Jahr wurde die Studie publiziert?	2011
Mit welchen Versuchspersonen wurde die Studie durchgeführt?	Versuchspersonen: - 48 Männer - 14 Frauen Einschlusskriterien: - Patienten, die einen 24h Blutdruck zwischen 130/80 mmHg und 150/90 mmHg hatten - Diese Werte entsprechen Stufe 1 der Hypertonie (Herrera, 2011, S. 29) Ausschlusskriterien u.a.: - Personen, welche in den letzten 12 Wochen vorher sportlich aktiv waren - Personen, bei denen es durch die Übungen zu körperlichen Einschränkungen kommen könnte - Personen, die an chronischer obstruktiver Lungenerkrankung zweiten Grades leiden - Personen mit Herzerkrankungen (Herrera, 2011, S. 29)
Wie sah der Versuchsaufbau der Studie aus?	Die Studie verlief über einen Zeitraum von 12 Wochen. Es wurden 4 Gruppen gebildet. 1. Gruppe = Ausdauergruppe 2. Gruppe = Krafttrainingsgruppe 3. Gruppe = Ausdauer- und Krafttrainingsgruppe 4. Gruppe = Kontrollgruppe Die ersten 3 Gruppen absolvierten jede Woche 3 Trainingseinheiten, während die 4. Gruppe darauf verzichtete. Während der Studie sollten zudem die Ess- und Trinkgewohnheiten so konstant wie möglich gehalten werden. (Herrera, 2011, S.31) Die Intensität des Trainingsprogramms wurde am Anfang auf 50% festgelegt und alle 2 Wochen um 5% gesteigert. (Herrera, 2011, S. 34)
Welche relevanten Ergebnisse und Schlussfolgerungen lieferte die Studie?	Diese Studie zeigt, dass durch Sport der Blutdruck gesenkt werden und auch die Belastungsfähigkeit der Patienten erhöht werden kann. (Herrera, 2011, S. 71)

Tabelle 6: Studie 1 zu Hypertonie

5.2 Studie 2

Wer hat die Studie durchgeführt?	Anna Lena Bickenbach
In welchem Jahr wurde die Studie publiziert?	2011
Mit welchen Versuchspersonen wurde die Studie durchgeführt?	- Ingesamt 55 Teilnehmer (42 männliche/13 weibliche Personen) (Bickenbach, 2011, S.22) Ausgeschlossene Probanden: - Probanden mit Koronarer Herzkrankheit, - mit sekundärer Hypertonie, - mit Herzinsuffizienz - mit Herzvitien - Probanden, die 3 Monate vor Aufnahme des Trainings einen Herzinfarkt erlitten, und - Probanden, die sich in den letzten 3 Monaten sportlich betätigt haben (Bickenbach, 2011, S.22-23)
Wie sah der Versuchsaufbau der Studie aus?	Es wurden 4 Trainingsgruppen gebildet - 1. Gruppe = Ausdauergruppe (9 männliche & 4 weibliche Probanden) - 2. Gruppe = Krafttrainingsgruppe (11 männliche & 3 weibliche Probanden) - 3. Gruppe = Ausdauer- und Krafttrainingsgruppe (12 männliche & 3 weibliche Probanden) - 4. Gruppe = Kontrollgruppe (10 männliche & 3 weibliche Probanden) Versuchsaufbau / Ablauf - Gruppe 1-3 absolvierte in den 12 Testwochen ein bestimmtes Trainingsprogramm und mussten Rauch-, Trink-, und Essprogramm so konstant wie möglich halten - die Ausnahme bildete die Kontrollgruppe, für diese traf dies nicht zu - Die Gruppen 1-3 absolvierten 3 Trainingseinheiten pro Woche (Bickenbach, 2011, S.22-23) - Das Training begann mit einem Warm-up auf einem Fahrradergometer bei 40% der HF-Reserve

	- Danach erfolgte ein Trainingsprogramm, wobei die Dauer und Intensität immer gesteigert wurde - Die Intensität wurde am Anfang auf 50% festgelegt und alle 2 Wochen um 5% gesteigert, sodass die Intensität am Ende bei 75% lag - Des Weiteren wurde der Proband mit einem 24h Blutdruckmessgerät ausgestattet (zwischen 6 und 22 Uhr wurde alle 15 min gemessen und zwischen 22 und 6 Uhr alle 30 min) (Bickenbach, 2011, S.32)
Welche relevanten Ergebnisse und Schlussfolgerungen lieferte die Studie?	- Gesundheitsorientiertes Krafttraining ist empfehlenswert um den Blutdruck zu senken (Bickenbach, 2011, S.84) - Empfohlen wird bei dieser Art von Training eine Wiederholungszahl von 8-10 Wiederholungen - Zudem wäre es sinnvoll 2 Mal die Woche zu trainieren

Tabelle 7: Studie 2 zu Hypertonie

6 Literaturverzeichnis

Bickenbach, A. L. (2011). *Auswirkungen von Ausdauer- vs. Krafttraining vs. Der Kombination Ausdauer-/Krafttraining auf die systematische Hämodynamik, Gefäßelastizität sowie Herzfrequenzvariabilität bei Patienten mit arterieller Hypertonie.* Abgerufen am 07.08.2016 von http://esport.dshs-koeln.de/314/1/Formatvorlage_Diss_02052012.pdf

Boeckh-Behrens, W.-U. & Buskies, W. (2007). *Fitness-Krafttraining. Die besten Übungen und Methoden für Sport und Gesundheit.* Hamburg: Rowohlt.

Delavier, F. (2006). *Der neue Muskel Guide. Gezieltes Krafttraining. Anatomie* (7. Aufl.). München: BLV Buchverlag GmbH & Co. KG.

Herrera, A. S. (2011). *Acute and chronic effect of aerobic and resistance exercises on ambulatory blood pressure in hypertensive patients.* Abgerufen am 07.08.2016 von http://esport.dshs-koeln.de/290/1/Dissertation_Andrea_Solera.pdf

Kieser, W. (2007). *Ein starker Körper kennt keinen Schmerz. Gesundheitsorientiertes Krafttraining nach der Kieser-Methode* (5. Aufl.). München: Wilhelm Heyne Verlag.

Löllgen, H. (2004). Borg-Skala. Standards der Sportmedizin. Abgerufen am 01.08.2016 von http://www.mesics.de/fileadmin/user/literature/Allgemein/Borg-Skala_Loellgen.pdf

Mießner, M. (2006). *Richtig Krafttraining.* München: BLV Buchverlag GmbH & Co. KG.

Schaenzler, N. & Hoffbauer, G. (2001). *Wörterbuch der Medizin.* München: Econ Ullstein List Verlag GmbH & Co. KG

7   Tabellenverzeichnis